시작부터 특별한 **어린이 중국어** 학습 프로그램

초등학교

생활
중국어

2

김지선·조한나·권승숙 지음
한국중국어교육개발원 감수

넥서스CHINESE

추천의
글

세계의 인구는 약 77억 명 정도라고 합니다. 그중에 중국어를 사용하는 사람이 약 15억 명으로, 즉 세계 인구의 1/5 정도가 중국어를 사용하고 있습니다. 우리 어린이들이 중국어를 배우면 지구상에서 만나는 사람들 5명 중의 1명과 소통할 수 있다는 뜻입니다.

집필진 선생님들께서는 동산초등학교가 중국어를 가르치기 시작한 2007년부터 현재까지 꾸준히 근무하시면서 어린이들이 배우기 쉽고 흥미 있는 교재를 찾기 위하여 새 학년도마다 늘 고민을 하셨습니다. 그러면서 다년간 현장에서 직접 어린이들과 부딪치며 느꼈던 교재의 아쉬움을 직접 해결해 보고자 이번에 『초등학교 생활 중국어』교재 집필에 참여하셨습니다.

이 교재는 우리 동산 어린이들뿐만 아니라 중국어를 처음 배우기 시작하는 모든 어린이에게 쉽고 재미있게 중국어를 배울 수 있는 교재가 될 것이라고 확신합니다. 학교 현장 수업에 적합한 새로운 구성과 창의적인 내용으로 아이들이 흥미롭게 중국어를 배울 수 있는 교재입니다. 동산초등학교 어린이들뿐만 아니라 우리나라 모든 어린이가 글로벌 인재로 성장할 기회를 열어 주는 교재가 되기를 응원합니다.

동산초등학교 신상수 교장선생님

❋ ❋ ❋

저는 저자가 이 교재를 만드는 것을 그동안 옆에서 지켜보았습니다. 어떻게 하면 아이들이 쉽고 즐겁게 중국어를 공부할 수 있을까 하고 고민하던 많은 시간이 결국 집필이라는 인고의 시간을 통해 이처럼 배움의 꽃으로 승화했습니다. 저는 이 교과서가 아이들의 중국어 능력 향상에 크게 기여하리라 믿어 의심치 않으며, 또한 이 교재를 통하여 아이들에게 즐겁고 행복한 배움이 있기를 기원합니다.

토평중학교 심정옥 교장선생님

박용호 선생님이 집필 책임을 맡고 뛰어난 집필진, 연구진이 한 팀이 되어 만들어 낸 『초등학교 생활 중국어』시리즈는 어린 학생들의 인지적 능력 발달의 특징과 학생들의 흥미를 고려하여 학습 내용 및 연습문제를 매우 잘 설계하였습니다. 내용적인 특징을 살펴보니, 첫째는 어린 학생들에게 익숙한 상황을 학습 내용에 잘 반영하였으며, 둘째는 가르치는 내용이 풍부하고, 다양한 활동을 담아 학생들이 참여를 통하여 쉽게 학습 내용을 익힐 수 있도록 하였고, 활동 소재의 선택과 설계는 초등학생의 특성을 잘 반영하고 있습니다.

북경외국어대학교 중문대학장 Zhang Xiaohui

✽ ✽ ✽

다년간 중국어 국제 교육과 한중 문화 교육 교류에 힘써 온 박용호 선생님이 주도하여 만드는 『초등학교 생활 중국어』시리즈는 다년간의 중국어 교육 이론과 교학 방법 및 교학 모형 연구의 중요한 성과물이 될 것입니다. 이것은 한국의 어린이 중국어 교재 출판 영역에 있어서의 중요한 성과이며, 차후 한중 양국의 인문 교류에도 공헌하게 될 것입니다.

중국국립우한대학교 국제교육대학장 Hu Yanchu

✽ ✽ ✽

지금까지 한국에서 출간된, 초등학생의 단계에 알맞는 중국어 교재를 찾기란 쉽지 않습니다. 『초등학교 생활 중국어』는 한국중국어교육개발원의 대표인 박용호 선생님을 중심으로 많은 국내외 중국어 선생님들이 힘을 합쳐 그들의 다년간의 경험을 담아 내어 집필되는 첫 번째 어린이 중국어 교재가 아닌가 생각합니다. 『초등학교 생활 중국어』는 한국 교육부의 초중고 중국어 교육과정을 참고하였고, 어휘면에서는 HSK 1~3급을 참고하여 실용성과 생동감, 재미가 일체가 되어 집필되었습니다. 이제 초등학교 수준의 어린이들에게 적합한 교재가 나왔다고 할 수 있습니다.

한국외국어대학교 공자아카데미원장 Miao Chunmei

이 교재는 재미있는 문화 지식, 효과적인 언어 재료, 효율적인 교사와 학생의 활동 등이 풍부합니다. 아마도 중국어 교사라면 즐거운 마음으로 이 교재를 선택할 것입니다. 한국의 어린 학생들이 이 교재를 통하여 많은 것을 얻을 수 있기를 바랍니다.

북경어언대학교 한어대학 교수 YangJie

✿ ✿ ✿

오랫동안 한국의 중국어 교육 발전을 위해 노력해 온 박용호 선생님은 그동안 한중 양국의 교육 문화계에 중요한 영향을 끼쳤습니다. 이번에 그가 조직하여 출판하는 『초등학교 생활 중국어』는 다년간의 교육 경험, 교육 방법 교학 연구의 중요한 성과가 아닌가 생각합니다. 이것은 한국의 어린이 중국어 교재 출판에서의 신기원일 뿐 아니라, 중국 출판계에 끼치는 영향도 지대할 것입니다.

상해교통대학출판사 총경리 Li Miao

✿ ✿ ✿

이번 『초등학교 생활 중국어』의 출판은 오랜 기간 한국의 중국어 교사를 대표했던 박용호 선생님을 중심으로 다년간 초등 교육에 전념한 현직 선생님들이 집필에 직접 참여하여 쓰여졌습니다. 이 교재는 초등학교 학생 수준에 맞추어 생동감 있는 내용으로 재미있게 쓰여져 초등학생의 학습 흥미와 상상력을 일깨울 것입니다.

중국절강출판연합집단 동경지사 사장 Quan Guangri

머리말

초등학교 중국어의 세계에 들어오신 것을 환영합니다. 우리는 왜 중국어를 공부해야 할까요? 어떤 사람들은 한자와 발음 때문에 중국어가 배우기 어렵다고들 합니다. 하지만 과학적 연구 결과에 의하면, 중국어를 공부하면 인간의 좌뇌와 우뇌를 고르게 사용하게 되기 때문에, 수학, 과학, 외국어, 인문학 등 다른 영역을 공부하는 데 있어서 매우 긍정적인 영향을 끼친다고 합니다. 그래서 중국어를 공부해야 합니다. 굳이 이웃 나라 중국의 중요성에 대해서 언급하지 않더라도 말이죠. 어린이는 우리의 미래입니다. 그리고 우리 어린이들이 중국어를 공부한다는 것은 자신의 미래를 준비하는 가장 훌륭한 선택이 될 것입니다.

이 책은 다음의 기준으로 집필되었습니다.

1 **초등학교 중국어 교과서를 지향합니다.** 현재 초등학교에는 중국어가 정규 교육과정에 들어가 있지 않습니다. 그러나 이 교재는 현행 중·고등학교 중국어 교육과정을 적극 참고하여, 우리가 초등학교 교과서를 만든다는 마음가짐으로 집필하였습니다.

2 **초등학교 중국어 선생님들이 집필하였습니다.** 오랜 시간 초등학교에서 정규과목으로 중국어를 가르쳐 온 선생님들이 직접 교재를 만들면서 그동안 현장에서 쌓은 경험과 노하우를 고스란히 담았습니다.

3 **뚜렷한 기준으로 집필되었습니다.** 기준 어휘는 교육부가 선정한 중·고등학교 교육과정의 880개 어휘와 의사소통 기본 표현과 문화 부분을 참고하였습니다. 또한 HSK 1~3급의 어휘 600개를 참고하였습니다. 그리고 일주일에 한 시간 기준으로 1년에 1권씩 총 6권으로 기획되었고, 수준에 따라 낱권으로도 사용할 수 있도록 설계하였습니다.

4 **관련 분야 전문가의 공동 작업을 실현하였습니다.** 우수한 집필진은 물론이고, 그 이상의 다양한 경험과 능력을 보유한 연구진 선생님들이 교재 개발에 참여하였습니다. 또한 중국 교육부에서 파견한 원어민 교사(CPIK) 선생님들 중에서도 여러 분이 연구, 검토 및 교정에 참여해 주셨습니다.

이 교재를 통하여 어린이 여러분들이 교실에서 선생님과 함께, 혹은 가정에서 부모님과 함께 중국어를 즐겁게 공부할 수 있기를 기대합니다. 출판을 허락해 주신 넥서스 신옥희 전무님께 감사드리고, 편집의 틀을 잡아 주신 조유경 과장님, 그리고 최고의 편집자 권근희 부장님께도 감사의 말씀을 전합니다. 끝으로 우리 어린이들이 세계와 소통하는 국제인으로서 배려와 나눔을 실천하는, 더불어 사는 사람으로 성장해 주길 소망합니다.

초등학교 생활 중국어 편찬위원회

네 컷 만화로 중국 문화도 배울 수 있어요!

MP3를 들으며 대화를 따라 읽어 보세요!

단어를 성모, 운모, 성조에 유의하여 정확한 발음으로 연습해 보세요!

미리 살펴봐요!

Cāi yi cāi
배울 내용을 생각해 봐요

해당 단원의 주제와 관련된 이야기를 네 컷 만화로 재미있게 구성하였습니다. 재미있게 중국어를 시작해 볼까요?

첫 번째 시간

Dú yi dú
따라 읽어 봐요

다양한 상황에서 이루어지는 대화를 통해 단원의 핵심 표현을 익힐 수 있습니다. 원어민의 정확한 발음을 들으며 따라 읽어 보면 실력이 쑥쑥 올라갑니다.

두 번째 시간

Shuō yi shuō
바꿔서 말해 봐요

앞에서 배운 핵심 표현을 다양하게 바꾸어 말해 보면서 활용 능력을 키웁니다.

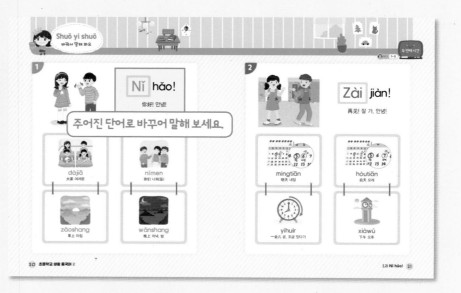

Chàng yi chàng
신나게 불러 봐요

원어민의 정확한 발음을 들으며 따라 불러 봅니다.
여러 번 반복해서 불러 보면 좋습니다.

Wán yi wán
중국어로 놀아요

중국어를 사용하여 재미있는 모둠 활동을 해 보면서
자연스럽게 복습할 수 있도록 구성하였습니다.

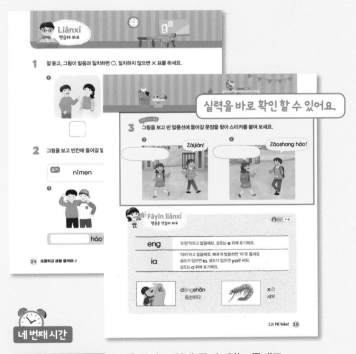

실력을 바로 확인할 수 있어요

재미있는 만들기 활동도
해 보세요

Liànxí
연습해 봐요

혼자서도 쉽게 풀 수 있는 문제로
구성하였습니다. '발음을 연습해 봐요'에서는
1권에 이어서 발음을 연습합니다. 성조에
주의하며 정확한 발음으로 따라 해 보세요.

Wénhuà
중국을 알아 봐요

한 단원을 마치고 쉬어 가면서
중국 문화 이야기를 사진과 함께 읽어 봅니다.
재미있는 만들기 활동도 해 볼 수 있습니다.

부가 자료 소개

⭐ 무료 다운로드 방법

넥서스 홈페이지(nexusbook.com) ➡ 도서명 검색 ➡ MP3 / 부가 자료 다운로드

1 MP3 음원

중국 원어민이 녹음한 음원을
들으며 연습할 수 있습니다.

2 단어 암기 동영상

단어도 이제는 영상으로 공부!
지루하지 않게 암기할 수 있습니다.

3 한어병음 결합표

b+ai

한어병음을 한눈에!
벽에 붙여 놓고 외우면 끝입니다.

4 단어장

언제 어디서든 간편하게
휴대하며 외울 수 있습니다.

5 간화자 쓰기 노트

国

본문에 나온 단어의 기본 글자를
획순과 함께 익힙니다.

QR 코드로 간편하게 MP3 듣기

스마트폰으로
QR코드를 스캔하세요!

차례

단어 한눈에 보기

1과

nǐ 你 너, 당신 — HSK 1급

hǎo 好 좋다, 안녕하다 — HSK 1급

zàijiàn 再见 잘 가, 안녕 — HSK 1급

míngtiān 明天 내일 — HSK 1급

jiàn 见 만나다

dàjiā 大家 여러분 — HSK 2급

nǐmen 你们 너희(들)

zǎoshang 早上 아침 — HSK 2급

wǎnshang 晚上 저녁, 밤 — HSK 2급

míngtiān 明天 내일 — HSK 1급

hòutiān 后天 모레

yíhuìr 一会儿 곧, 조금 있다가 — HSK 3급

xiàwǔ 下午 오후 — HSK 1급

2과

ma 吗 ~이니? [질문할 때] — HSK 1급

wǒ 我 나 — HSK 1급

hěn 很 아주, 매우 — HSK 1급

xièxie 谢谢 고맙습니다, 감사합니다 — HSK 1급

bú kèqi 不客气 천만에요 — HSK 1급

lèi 累 피곤하다 — HSK 2급

máng 忙 바쁘다 — HSK 2급

rè 热 덥다 — HSK 1급

lěng 冷 춥다 — HSK 1급

lǎoshī 老师 선생님 — HSK 1급

nín 您 당신 [你의 높임말] — HSK 2급

bàba 爸爸 아빠 — HSK 1급

āyí 阿姨 아주머니 — HSK 3급

3과

jiào 叫 ~라고 부르다 — HSK 1급

shénme 什么 무엇, 무슨 — HSK 1급

míngzi 名字 이름 — HSK 1급

xìng 姓 성 — HSK 2급

Piáo 朴 박(씨)

Lǐ 李 이(씨)

Wáng 王 왕(씨)

Zhāng 张 장(씨)

Jīn 金 김(씨)

4과

jǐ 几 몇 — HSK 1급

suì 岁 세, 살 — HSK 1급

le 了 변화를 나타냄 — HSK 1급

tā 他 그 (사람) — HSK 1급

duō 多 얼마나 — HSK 1급

dà 大 나이가 많다 — HSK 1급

yī 一 일 — HSK 1급

èr 二 이 — HSK 1급

sān 三 삼 — HSK 1급

sì 四 사 — HSK 1급

wǔ 五 오 — HSK 1급

liù 六 육 — HSK 1급

qī 七 칠 — HSK 1급

bā 八 팔 — HSK 1급

jiǔ 九 구 — HSK 1급

shí 十 십 — HSK 1급

5과

tā 她 그녀   HSK 1급

shì 是 ~이다   HSK 1급

shéi 谁 누구   HSK 1급

mèimei 妹妹 여동생   HSK 2급

gēge 哥哥 형, 오빠   HSK 2급

bù 不 아니다   HSK 1급

dìdi 弟弟 남동생   HSK 2급

nǎinai 奶奶 할머니   HSK 3급

māma 妈妈 엄마   HSK 1급

gūgu 姑姑 고모   HSK 5급

jiějie 姐姐 누나, 언니   HSK 2급

yéye 爷爷 할아버지   HSK 3급

shūshu 叔叔 삼촌   HSK 3급

6과

xǐhuan 喜欢 좋아하다   HSK 1급

yánsè 颜色 색깔   HSK 2급

hóngsè 红色 빨간색   HSK 2급

huángsè 黄色 노란색

zǐsè 紫色 보라색   HSK 5급

tiānlánsè 天蓝色 하늘색

jīnsè 金色 금색

yínsè 银色 은색

lǜsè 绿色 초록색   HSK 3급

chéngsè 橙色 주황색

hēisè 黑色 검은색   HSK 2급

huīsè 灰色 회색   HSK 5급

7과

chī 吃 먹다   HSK 1급

bǐnggān 饼干 과자   HSK 4급

hē 喝 마시다   HSK 1급

shuǐ 水 물   HSK 1급

fàn 饭 밥

táng 糖 사탕   HSK 4급

miànbāo 面包 빵   HSK 3급

shuǐguǒ 水果 과일   HSK 1급

niúnǎi 牛奶 우유   HSK 2급

kělè 可乐 콜라

qìshuǐ 汽水 사이다

rè qiǎokèlì 热巧克力 코코아, 핫 초콜릿

8과

zhè 这 이, 이것   HSK 1급

xióng 熊 곰

nà 那 저, 저것   HSK 1급

yě 也 ~도   HSK 2급

xióngmāo 熊猫 판다   HSK 3급

lǎohǔ 老虎 호랑이   HSK 4급

niǎo 鸟 새   HSK 3급

shīzi 狮子 사자   HSK 5급

hóuzi 猴子 원숭이   HSK 5급

yú 鱼 물고기   HSK 2급

húdié 蝴蝶 나비   HSK 5급

xiǎo gǒu 小狗 강아지   HSK 1급

xiǎo māo 小猫 고양이   HSK 1급

과	단원명	학습 목표	찬트	활동	발음	문화
1	Nǐ hǎo! 안녕!	• 만나고 헤어질 때 인사 표현 익히기	인사하기	귓속말로 전달해요	eng ia	중국식 인사법 포권
2	Wǒ hěn hǎo. 나는 잘 지내.	• 안부를 묻는 표현 익히기 • 감사 표현 익히기	안부와 감사	단어 낚시	ing uen(un)	빨간 봉투 홍빠오
3	Wǒ jiào Ālì. 내 이름은 아리야.	• 성과 이름을 소개하는 표현 익히기	이름 묻기	이름 말하기 게임	ai ang	중국인의 성씨
4	Wǒ jiǔ suì. 나는 아홉 살이야.	• 다양하게 나이 묻는 표현 익히기	나이 묻기	나이 말하기 게임	uai ueng	맛있는 중국 만두
5	Tā shì wǒ mèimei. 그 애는 내 여동생이야.	• 가족 및 친구를 소개하는 표현 익히기	가족	가족을 말해 봐요	uei(ui) an	재미있는 그림자 인형극
6	Wǒ xǐhuan hóngsè. 나는 빨간색을 좋아해.	• 좋아하고 싫어하는 색깔 표현 익히기	색깔	색칠하기	en in	복을 가져오는 붉은 등
7	Wǒ chī bǐnggān. 나는 과자를 먹어.	• 먹고 마시는 표현 익히기	간식	제자리 앉기	üe üan ün	보름달을 닮은 월병
8	Nà shì xióngmāo. 저건 판다야.	• 사물을 가리키는 표현 익히기 • 동물에 관한 표현 익히기	동물	몸으로 말하기	ua uo uan	머리가 좋아지는 칠교놀이

시간 배당 각 과 4차시씩 총 32차시

3권 학습 목표 미리 보기

과	단원명	학습 목표	찬트	활동	문화
1	Wǒ sān niánjí èr bān. 나는 3학년 2반이야.	• 학년·반 말하는 표현 익히기 • 그·그녀가 누구인지 소개하는 표현 익히기	학년 반 말하기	내 친구들을 소개해요	중국 학생들의 눈 운동
2	Wǒ shǔ tù. 나는 토끼띠야.	• 띠 말하는 표현 익히기	12개 띠	동물 눈치 게임	상상의 동물 용
3	Wǒ jiā yǒu sì kǒu rén. 우리 집은 네 식구야.	• 가족 수 말하는 표현 익히기 • yǒu, méiyǒu 사용한 표현 익히기	가족	가족 빙고 게임	중국의 가족 문화
4	Wǒ shì Hánguórén. 나는 한국인이야.	• 나라 이름 말하는 표현 익히기	나라 이름	나라 말판 게임	오성홍기 이야기
5	Wǒ qù shūdiàn. 나는 서점에 가.	• 장소를 말하는 표현 익히기	장소	장소 도장 찍기 게임	중국 베이징의 옛길
6	Jīntiān bā yuè jiǔ hào. 오늘은 8월 9일이야.	• 날짜와 요일 말하는 표현 익히기	날짜와 요일	달력 땅따먹기	중국의 단오절
7	Xiànzài bā diǎn shí fēn. 지금은 8시 10분이야.	• 시간을 말하는 표현 익히기	시간	시간 카드 모으기	중국과 다른 나라의 시차
8	Niúnǎi duōshao qián? 우유는 얼마야?	• 가격을 물어보는 표현 익히기	가격 묻기	카페 메뉴판 만들기	중국의 화폐

🕐 **시간 배당** 각 과 4차시씩 총 32차시

등장인물

✏️ 2권은 아리와 유준이가 중국에서 학교를 다니면서 벌어지는 이야기로 재미있게 꾸몄어요. 중국 친구 징징이와 베이베이를 만나러 함께 가 볼까요?

아리 Ālì
한국인, 초등학교 2학년

활발하고 명랑한 아리는 중국어 공부에 푹 빠졌어요.

유준 Yǒujùn
한국인, 초등학교 2학년

씩씩한 유준이는 중국의 모든 것에 관심이 많아요.

베이베이 Bèibei
중국인, 초등학교 2학년

엉뚱하지만 친절한 베이베이는 친구들의 중국어 공부를 도와줘요.

징징 Jīngjing
중국인, 초등학교 2학년

똑똑하고 귀여운 징징이는 아리와 유준이의 단짝 친구예요.

왕왕이

1과 Nǐ hǎo! 안녕!

Cāi yi cāi
배울 내용을 생각해 봐요

선생님, 안녕하세요!

라오스 하오 (Lǎoshī hǎo)!

손을 왜 그렇게 하고 인사했어?

그건 '포권'이라는 중국식 인사법이야.

두 손으로 상대방에 대한 반가움과 존중을 나타내는 거야.

나도 해 볼래. 이렇게 하면 돼?

맞아!

오늘 배울 내용은 _____ 예요.

MP3 1-1

Zàijiàn!
再见!

Míngtiān jiàn!
明天见!

단어를 익혀요! MP3 1-2

| nǐ 你 너, 당신 | hǎo 好 좋다, 안녕하다 | zàijiàn 再见 잘 가, 안녕 |
| míngtiān 明天 내일 | jiàn 见 만나다 | |

Shuō yi shuō
바꿔서 말해 봐요

1

Nǐ hǎo!

你好! 안녕!

잠깐!

"Nǐ hǎo!"는 만날 때 하는 인사말이에요.
여기에 대상 또는 시간을 넣어 다양한 인사를 할 수 있어요.

dàjiā
大家 여러분

zǎoshang
早上 아침

nǐmen
你们 너희(들)

wǎnshang
晚上 저녁, 밤

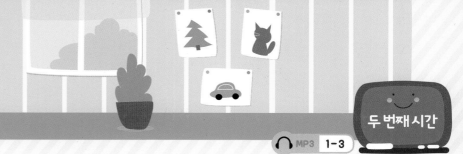

2

Zài jiàn!

再见! 잘 가, 안녕!

míngtiān
明天 내일

hòutiān
后天 모레

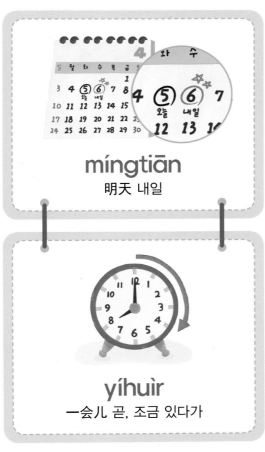

yíhuìr
一会儿 곧, 조금 있다가

xiàwǔ
下午 오후

Chàng yi chàng
신나게 불러 봐요

MP3 1-4

인사하기

Nǐ	Nǐ	Nǐ hǎo!
你	你	你好!
Nǐ	Nǐ	Nǐ hǎo!
你	你	你好!
Zài	Zài	Zàijiàn!
再	再	再见!
Míng	Míng	Míngtiān jiàn!
明	明	明天见!

안	안	안녕!
안	안	안녕!
잘	잘	잘 가!
내	내	내일 보자!

Wán yi wán
중국어로 놀아요

귓속말로 전달해요

1. 모둠원끼리 한 줄로 서요.

2. 제일 앞 사람만 빼고 모두 뒤로 돌아 귀를 막아요.

3. 제일 앞 사람은 선생님이 제시한 단어를 확인하고, 뒷사람에게 귓속말로 전달해요.

4. 맨 마지막 사람은 전달받은 단어를 중국어로 말해요.
   정해진 시간 내에 정확하게 발음한 단어 개수가 가장 많은 팀이 승리해요.

1 잘 듣고, 그림이 발음과 일치하면 ◯, 일치하지 않으면 ✕ 표를 하세요.

❶

❷

2 그림을 보고 빈칸에 들어갈 말을 보기 에서 찾아 써 보세요.

보기   nǐmen   míngtiān   hòutiān

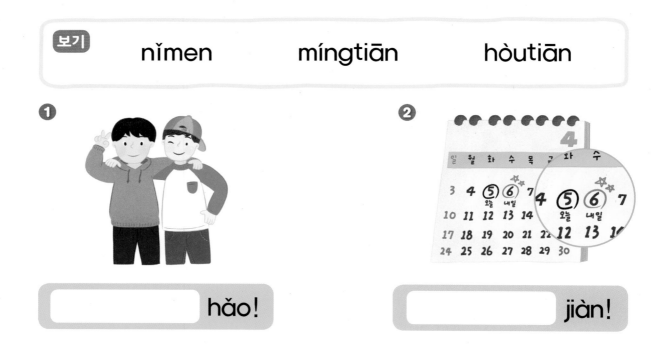

❶   hǎo!

❷   jiàn!

3 그림을 보고 빈 말풍선에 들어갈 문장을 찾아 스티커를 붙여 보세요.

125쪽 스티커 활용

❶

Zàijiàn!

❷

Zǎoshang hǎo!

Fāyīn liànxí
발음을 연습해 봐요

🎧 MP3 1-6

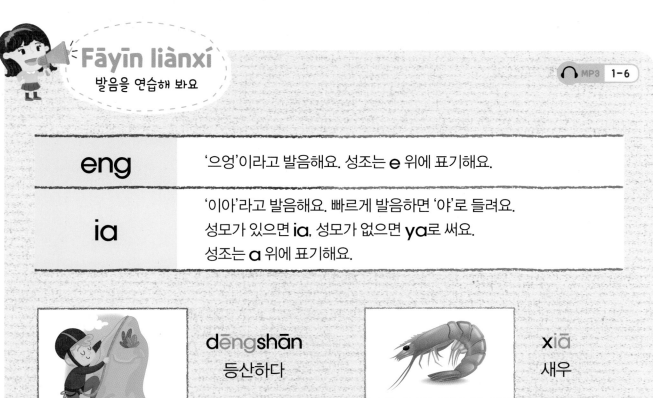

eng	'으엉'이라고 발음해요. 성조는 e 위에 표기해요.
ia	'이아'라고 발음해요. 빠르게 발음하면 '야'로 들려요. 성모가 있으면 ia, 성모가 없으면 ya로 써요. 성조는 a 위에 표기해요.

dēngshān
등산하다

xiā
새우

 ## 중국식 인사법 **포권**

포권(bàoquán 抱拳)은 주먹을 감싼다는 뜻으로, 3000년 이상의 역사를 가진 중국의 전통적인 인사법이에요. 포권례(bàoquánlǐ 抱拳礼)라고도 하며, 왼손으로 오른손 주먹을 감싸듯 쥐고 가슴 앞쪽에 모아서 인사해요. 상대방에 대한 반가움과 존중을 나타내는 중국 사람들의 인사 문화예요.

105쪽 오리기 활용

 인사하는 종이 인형 만들기

❶ 부록에 있는 도안①②를 오려요.

❷ 도안①의 양손을 모아서 붙이고 손 안쪽에 도안②를 붙여요.

❸ 도안②를 잡고 아래로 당기면 포권 인사하는 자세가 돼요.

Cāi yi cāi
배울 내용을 생각해 봐요

오랜만이야!
니 하오 마
(Nǐ hǎo ma)?

아리 왔구나.
어서 오렴!

호호, 고맙다.
서뱃돈 받으렴.

안녕하세요!
새해 복 많이
받으세요!

이건 '훙빠오'라는 건데,
중국 사람들은 이 빨간 봉투에
서뱃돈을 준단다.

어?
빨간 봉투네요?

시에시에(Xièxie)!
감사합니다!

✏️ 오늘 배울 내용은 [   ] 예요.

Xièxie nǐ!
谢谢你!

Bú kèqi!
不客气!

단어를 익혀요! MP3 2-2

ma 吗 ~이니? [질문할 때]   wǒ 我 나   hěn 很 아주, 매우

xièxie 谢谢 고맙습니다, 감사합니다   bú kèqi 不客气 천만에요

1

Nǐ hǎo ma?

你好吗? 잘 지내?

잠깐!
"Nǐ hǎo ma?"는 서로 알고 지내는 사이에서
잘 지냈는지 안부를 물어볼 때 하는 인사말이에요.

lèi
累 피곤하다

rè
热 덥다

máng
忙 바쁘다

lěng
冷 춥다

2

Xièxie 　nǐ　 !

谢谢你! 고마워!

잠깐!
"xièxie"와 반대되는 "미안하다"라는 표현도
알아볼까요?
Duìbuqǐ! 미안해. – Méi guānxi, 괜찮아.

lǎoshī
老师 선생님

bàba
爸爸 아빠

nín
您 당신 [你의 높임말]

āyí
阿姨 아주머니

안부와 감사

Nǐ 你	Nǐ 你	Nǐ hǎo ma? 你好吗?
Wǒ 我	Wǒ 我	Wǒ hěn hǎo. 我很好。
Xiè 谢	Xiè 谢	Xièxie nǐ. 谢谢你。
Bú 不	Bú 不	Bú kèqi! 不客气!
너는 나는 고 천	너는 나는 고 천	잘 지내? 잘 지내. 고마워! 천만에!

Wán yi wán
중국어로 놀아요

세 번째 시간

단어 낚시

107쪽 오리기 활용

준비물 단어 카드, 클립, 나무젓가락 낚싯대

1. 모둠별로 모여 부록의 단어 카드를 오린 후, 클립을 끼우고 책상 위에 섞어 놓아요.

2. 모둠별로 한 명씩 대표로 나가서, 선생님이 준비한 나무젓가락 낚싯대를 사용하여 단어 카드를 낚아요.

3. 단어를 낚을 때 짝이 맞는 병음 카드와 그림 카드를 각 모둠원이 가져와요.

4. 정해진 시간 내에 더 많은 카드를 가져와 정확하게 말한 모둠이 승리해요.

1 잘 듣고, 그림이 발음과 일치하면 ○, 일치하지 않으면 ✕ 표를 하세요.

2 보기에 해당하는 단어를 찾아 ○ 표를 해 보세요.

보기   선생님   덥다   춥다

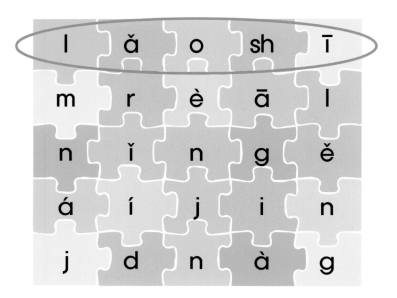

l	ǎ	o	sh	ī
m	r	è	ā	l
n	ǐ	n	g	ě
á	í	j	i	n
j	d	n	à	g

3 빈칸에 들어갈 단어를 보기 에서 찾아 써 보세요.

보기   máng   lěng   xièxie

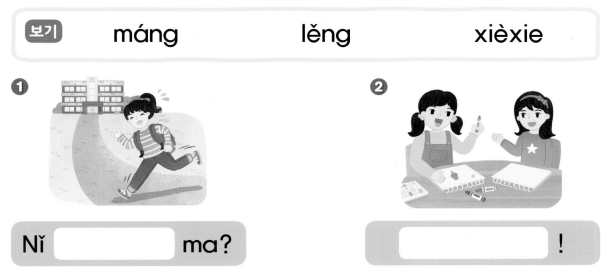

① Nǐ [_____] ma?

② [_____] !

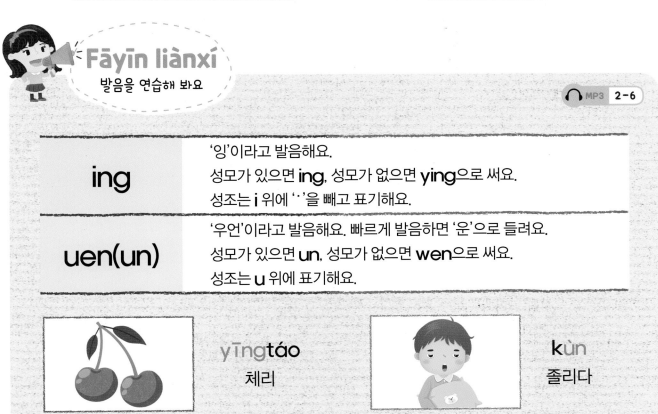

Fāyīn liànxí
발음을 연습해 봐요

🎧 MP3 2-6

ing	'잉'이라고 발음해요. 성모가 있으면 ing, 성모가 없으면 ying으로 써요. 성조는 i 위에 '˙'을 빼고 표기해요.
uen(un)	'우언'이라고 발음해요. 빠르게 발음하면 '운'으로 들려요. 성모가 있으면 un, 성모가 없으면 wen으로 써요. 성조는 u 위에 표기해요.

yīngtáo
체리

kùn
졸리다

플러스 시간

 빨간 봉투 **홍빠오**

한국에서 설날에 세뱃돈을 주고받는 것처럼, 중국 사람들은 중국의 설날인 춘절(Chūnjié 春节)에 빨간 봉투에 돈을 넣어 주는데 이것을 홍빠오(Hóngbāo 红包)라고 해요. 명절뿐 아니라 결혼식 등에서도 빨간 봉투를 사용해서 축하나 감사를 표현하곤 해요.

 109쪽 오리기 활용   125쪽 스티커 활용

홍빠오 만들기

① 부록에 있는 도안을 오리고 풀칠해서 봉투를 만들어요.

② 부록에 있는 꾸밈 재료 스티커를 골라요.

③ 봉투 겉면에 꾸밈 재료를 붙여서 완성해요.

단어를 익혀요! MP3 3-2

jiào 叫 ~라고 부르다	shénme 什么 무엇, 무슨	míngzi 名字 이름
xìng 姓 성	Piáo 朴 박(씨)	

1

Wǒ jiào ⟨Ālì⟩.

我叫阿丽。 내 이름은 아리야.

"Wǒ jiào ~."는 이름을 말할 때 쓰는 표현이에요.

Yǒujùn
有俊 유준

Běibei
北北 베이베이

Jīngjing
京京 징징

내 이름
한어병음 :
간 화 자 :

2

Wǒ xìng Piáo .

我姓朴。 나는 박씨야.

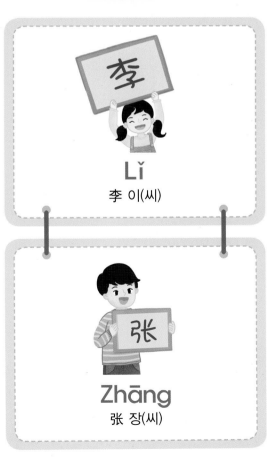

Lǐ
李 이(씨)

Zhāng
张 장(씨)

Wáng
王 왕(씨)

Jīn
金 김(씨)

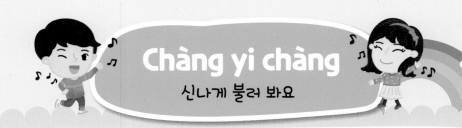

신나게 불러 봐요

이름 묻기

Míngzi	Míngzi	Nǐ jiào shénme míngzi?
名字	名字	你叫什么名字?
Ālì	Ālì	Wǒ jiào Ālì.
阿丽	阿丽	我叫阿丽。
Xìng	Xìng	Nǐ xìng shénme?
姓	姓	你姓什么?
Piáo	Piáo	Wǒ xìng Piáo.
朴	朴	我姓朴。

이름	이름	너는 이름이 뭐야?
아리	아리	내 이름은 아리야.
성	성	너는 성이 뭐야?
박	박	나는 박씨야.

Wán yi wán
중국어로 놀아요

세 번째 시간

이름 말하기 게임

Ālì

⭐1 무릎, 손뼉, 오른손 엄지, 왼손 엄지 순서로 박자를 익혀요.

⭐2 한 명씩 돌아가면서 자기 이름을 중국어로 말해요. 오른손, 왼손에 각각 한 글자씩 말해요.

⭐3 게임이 시작되면 첫 번째 사람은 먼저 자기 이름을 말하고, 그 다음에 다른 친구 이름을 말해요.

예 첫 번째 자기 이름 말하기 : 무릎 → 손뼉 → 오른손 "ā" → 왼손 "lì"

두 번째 친구 이름 말하기 : 무릎 → 손뼉 → 오른손 "běi" → 왼손 "bei"

⭐4 이름이 불린 친구는 이어서 자기 이름과 또 다른 친구 이름을 말해요.
박자를 놓치거나 발음을 틀린 사람은 탈락해요.

1 잘 듣고, 그림이 발음과 일치하면 ◯, 일치하지 않으면 ✕ 표를 하세요.

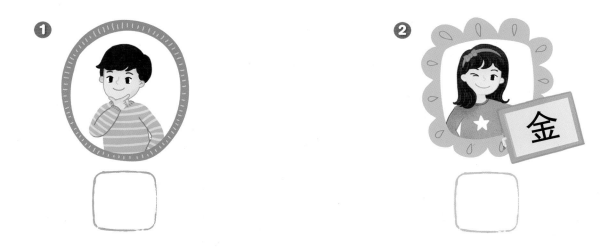

❶

❷
金

2 바구니 속의 단어를 활용하여 문장을 완성해 보세요.

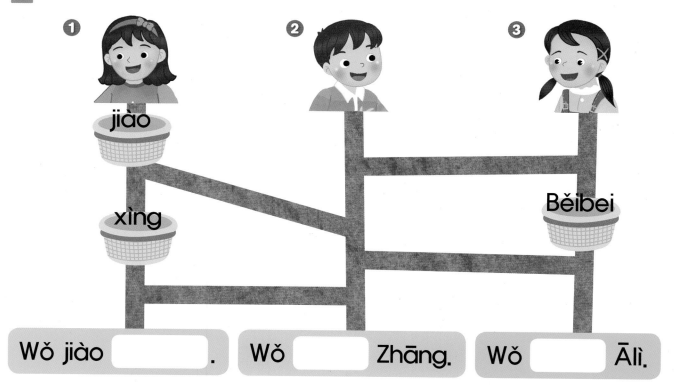

❶ jiào / xìng

❷

❸ Běibei

Wǒ jiào _____ .　　Wǒ _____ Zhāng.　　Wǒ _____ Ālì.

🎧 MP3 3-5

3 친구들의 이름을 묻고 보기 와 같이 병음으로 적어 보세요.

Nǐ jiào
shénme míngzi?

보기

김아리
Jīn Ālì

Fāyīn liànxí
발음을 연습해 봐요

🎧 MP3 3-6

ai	'아이'라고 발음해요. 성조는 a 위에 표기해요.
ang	'앙'이라고 발음해요. 성조는 a 위에 표기해요.

tàiyáng
태양

tángguǒ
사탕

 중국인의 **성씨**

14억 명의 사람들이 살고 있는 중국은 인구가 많은 만큼 다양한 성씨가 있어요. 소수 민족의 성씨까지 포함하면 무려 3,500여 개의 성씨가 있다고 해요. 그중 대표적인 성씨는 리(Lǐ 李), 왕(Wáng 王), 장 (Zhāng 张), 류(Liú 刘), 천(Chén 陈) 등인데, 이 5가지 성씨를 합하면 전체 인구의 약 30%를 차지해요. 특이한 성에는 룽(Lóng 龙), 뉴(Niú 牛) 등이 있어요.

자기 성씨 꾸미기

자기 성씨를 한자로 쓰고 예쁘게 꾸며 보세요.

학생 작품 예시

4과 Wǒ jiǔ suì le.
나는 아홉 살이야.

Cāi yi cāi
배울 내용을 생각해 봐요

✏️ 오늘 배울 내용은 ☐☐☐☐☐☐☐ 예요.

Tā duō dà le?
他多大了?

Tā shísān suì le.
他十三岁了。

단어를 익혀요! MP3 4-2

jǐ 几 몇

tā 他 그(사람)

suì 岁 세, 살

duō 多 얼마나

le 了 변화를 나타냄

dà 大 나이가 많다

Shuō yi shuō
바꿔서 말해 봐요

1

Wǒ jiǔ suì le.

我九岁了。 나는 아홉 살이야.

qī
七 칠(7), 일곱

shíliù
十六 십육(16), 열여섯

shíjiǔ
十九 십구(19), 열아홉

èrshísì
二十四 이십사(24), 스물넷

🎧 MP3 4-3

2

Tā duō dà le?

他多大了? 그는 몇 살이야?

잠깐! "~ duō dà le?"는 10세 이상의 나이를 물어볼 때 사용해요.

jǐ suì
几岁 몇 살이니?

잠깐! "~ jǐ suì le?"는 10세 이하의 나이를 물어볼 때 사용해요.

duō dà niánjì
多大年纪 연세가 어떻게 되세요?

잠깐! "~ duō dà niánjì le?"는 나이가 많은 어른의 나이를 여쭤볼 때 사용해요.

 yī 一 일　 èr 二 이　 sān 三 삼　 sì 四 사　 wǔ 五 오

 liù 六 육　 qī 七 칠　 bā 八 팔　 jiǔ 九 구　 shí 十 십

★ 1부터 10까지 다시 확인해 봐요.

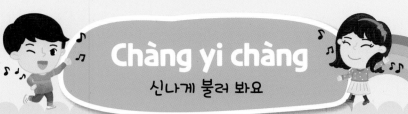

나이 묻기

Jǐ	Jǐ	Nǐ jǐ suì le?
几	几	你几岁了?
Jiǔ	Jiǔ	Wǒ jiǔ suì le.
九	九	我九岁了。
Duō	Duō	Tā duō dà le?
多	多	他多大了?
Shísān	Shísān	Tā shísān suì le.
十三	十三	他十三岁了。

몇	몇	너는 몇 살이야?
아홉	아홉	나는 아홉 살이야
몇	몇	그는 몇 살이야?
열셋	열셋	그는 열세 살이야.

Wán yi wán
중국어로 놀아요

나이 말하기 게임

1. 모둠원들이 돌아가며 1세부터 20세까지 차례대로 중국어로 나이를 말해요.

2. 한 사람이 한 번에 최대 세 개까지 나이를 말할 수 있어요.

3. 마지막에 20세(Èrshí suì)을 외치는 사람이 게임에서 져요.

1 잘 듣고, 그림이 발음과 일치하면 ○, 일치하지 않으면 ✕ 표를 하세요.

❶

❷

2 바구니 속의 단어를 활용하여 문장을 완성해 보세요.

❶ jǐ le suì

Nǐ

❷ dà niánjì le duō

Nín

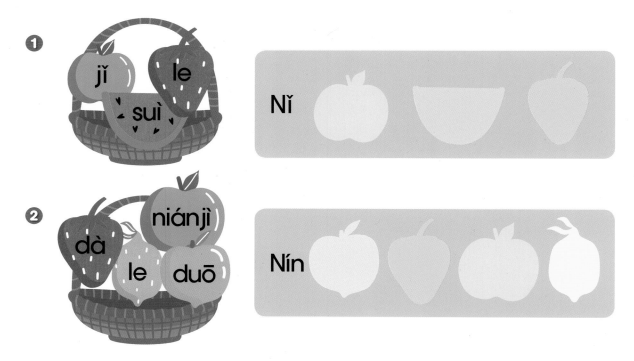

3 그림에 알맞은 나이를 보기 에서 골라 써 보세요.

보기   sì   qī   shí

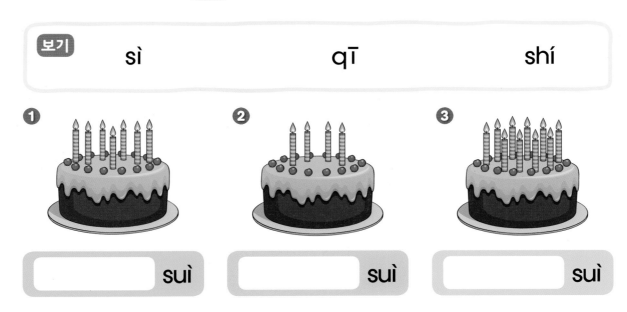

❶ [   ] suì   ❷ [   ] suì   ❸ [   ] suì

Fāyīn liànxí
발음을 연습해 봐요

MP3 4-6

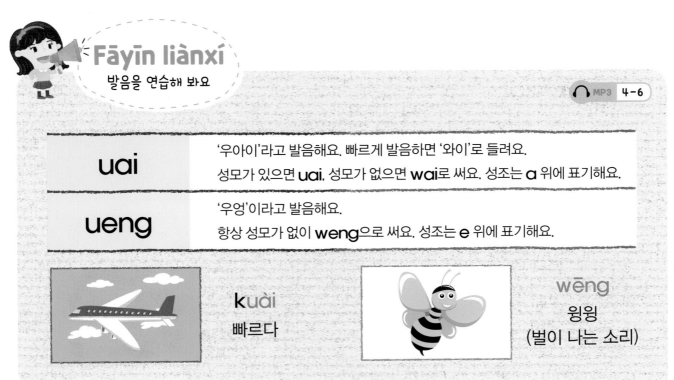

uai	'우아이'라고 발음해요. 빠르게 발음하면 '와이'로 들려요. 성모가 있으면 uai, 성모가 없으면 wai로 써요. 성조는 a 위에 표기해요.
ueng	'우엉'이라고 발음해요. 항상 성모가 없이 weng으로 써요. 성조는 e 위에 표기해요.

kuài
빠르다

wēng
윙윙
(벌이 나는 소리)

맛있는 중국 만두

만두(jiǎozi 饺子)는 중국의 가장 큰 명절인 춘절(Chūnjié 春节)에 만들어 먹는 전통 음식이에요. 밀가루를 반죽하여 얇게 밀고 그 안에 돼지고기와 각종 야채를 넣어 다양한 모양으로 빚은 후 물에 삶거나 쪄서 먹어요.

111쪽 오리기 활용

만두 만들기 ···

① 부록에 있는 만두피를 가위로 오려요.

② 만두 속에 넣고 싶은 재료를 그리고, 만두 겉도 예쁘게 색칠해요.

③ 반으로 접고 풀로 붙여 완성해요. 만든 만두를 모아 접시에 담아 주세요.

 ➡  ➡

Cāi yi cāi
배울 내용을 생각해 봐요

얘들아, 우리 그림자 인형극으로 가족 놀이 할래?

좋아!

그림자 인형극? 그게 뭔데?

흰색 천을 치고 그 뒤에서 인형 그림자를 비추어 보여 주는 연극이야.

재밌겠다! 내가 딸을 맡을게. 너희가 엄마 아빠를 맡아.

그럼 이야기를 만들어 보자!

아리야, 아빠 왔다!

빠빠 (bàba)!

✏️ 오늘 배울 내용은 [   ] 예요.

단어를 익혀요! 🎧 MP3 5-2

tā 她 그녀　　　　shì 是 ～이다　　　　shéi 谁 누구　　　　mèimei 妹妹 여동생

gēge 哥哥 형, 오빠　　bù 不 아니다　　　　dìdi 弟弟 남동생

1

Tā shì
wǒ mèimei .

她是我妹妹。
그녀는 내 여동생이야.

nǎinai
奶奶 할머니

gūgu
姑姑 고모

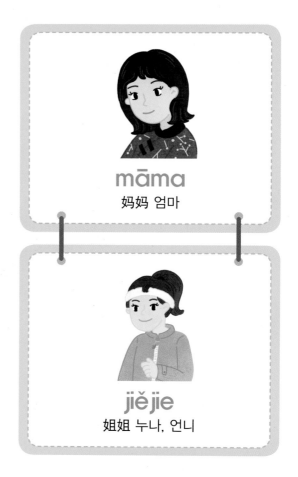

māma
妈妈 엄마

jiějie
姐姐 누나, 언니

2

Bú shì, Tā shì
wǒ dìdi .

不是，他是我弟弟。
아니, 그는 내 남동생이야.

yéye
爷爷 할아버지

bàba
爸爸 아빠

shūshu
叔叔 삼촌

gēge
哥哥 형, 오빠

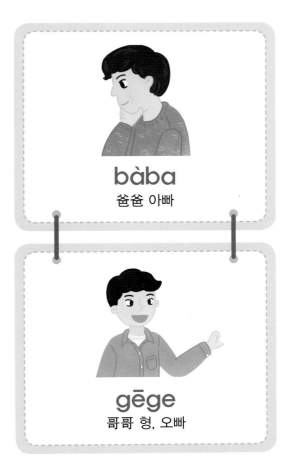

가족

Shéi 谁	Shéi 谁	Tā shì shéi? 她是谁?
Mèimei 妹妹	Mèimei 妹妹	Tā shì wǒ mèimei. 她是我妹妹。
Gēge 哥哥	Gēge 哥哥	Tā shì nǐ gēge ma? 他是你哥哥吗?
Bú shì 不是	Bú shì 不是	Tā shì wǒ dìdi. 他是我弟弟。

누구	누구	그녀는 누구야?
여동생	여동생	그녀는 내 여동생이야.
형(오빠)	형(오빠)	그는 너희 형(오빠)이니?
아니	아니	그는 내 남동생이야.

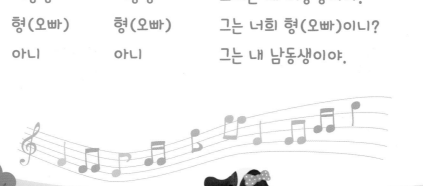

Wán yi wán
중국어로 놀아요

가족을 말해 봐요

113쪽 오리기 활용

준비물 가족 카드

⭐1 모둠 대표 한 명이 앞에 나와 가족 카드 한 장을 뽑아요.

⭐2 모둠 대표는 가족 카드를 모둠원에게 보여 주며 중국어로 "Tā shì shéi?" 하고 질문해요.

⭐3 모둠원 중 한 명이 "Tā shì ○○." 하고 대답해요.

⭐4 30초 동안에 가장 많이 맞히는 모둠이 승리해요.

Liànxí
연습해 봐요

1 잘 듣고, 그림이 발음과 일치하면 ○, 일치하지 않으면 ✕ 표를 하세요.

❶

❷

2 베이베이가 한 말은 무엇일까요? 미로를 따라가 말풍선 안에 써 보세요.

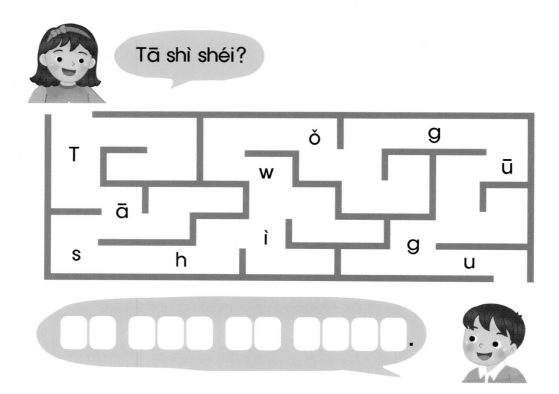

Tā shì shéi?

MP3 5-5

125쪽 스티커 활용

3 그림에 해당하는 문장을 찾아 스티커를 붙여 보세요.

❶ Tā shì wǒ dìdi.

❷ Tā shì shéi?

Fāyīn liànxí
발음을 연습해 봐요

MP3 5-6

uei(ui)	'우에이'라고 발음해요. 빠르게 발음하면 '우이'로 들려요. 성모가 있으면 ui로 쓰고, 성조는 i 위에 'ㆍ'을 빼고 표기해요. 성모가 없으면 wei로 쓰고, 성조는 e 위에 표기해요.
an	'안'이라고 발음해요. 성조는 a 위에 표기해요.

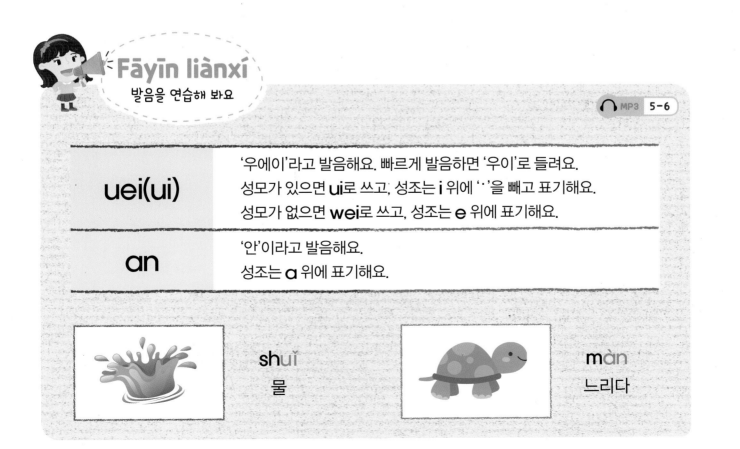

shuǐ
물

màn
느리다

 재미있는 **그림자 인형극**

그림자 인형극(píyǐngxì 皮影戏)은 중국의 전통 연극 중 하나예요. 가죽이나 종이에 화려한 색을 칠해서 만든 인형을 막대기로 조종해서 움직여요. 흰 천을 치고 뒤에서 빛을 비추면 인형 그림자가 비쳐 보여서, 다양한 이야기 장면을 연출할 수 있어요.

115쪽 오리기 활용

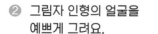
그림자 인형 만들기

① 부록에 있는 그림자 인형 도안을 오려요.

② 그림자 인형의 얼굴을 예쁘게 그려요.

③ 팔과 다리를 연결하고 나무 젓가락을 붙여 완성해요.

 →  →

6과 Wǒ xǐhuan hóngsè.

나는 빨간색을 좋아해.

Cāi yi cāi
배울 내용을 생각해 봐요

오늘은 등을 만들어 볼 거예요.

여러분도 색종이로 만들어 보세요!

중국에서는 빨간색이 복을 가져다 주고 나쁜 기운을 물리친다고 해서 빨간색 등을 걸어요.

난 빨간색을 좋아해! 예쁘게 만들어야지!

짜잔! 완성! 집에 가져가서 달아야지!

우와, 멋지다! 너희 집에도 이제 복이 들어오겠네!

🖊 오늘 배울 내용은 _____ 예요.

MP3 6-1

Nǐ xǐhuan huángsè ma?
你喜欢黄色吗?

Wǒ bù xǐhuan huángsè.
我不喜欢黄色。

Ball

단어를 익혀요! MP3 6-2

xǐhuan 喜欢 좋아하다　　　yánsè 颜色 색깔　　　hóngsè 红色 빨간색
huángsè 黄色 노란색

1

Wǒ xǐhuan

hóngsè .

我喜欢红色。
나는 빨간색을 좋아해.

zǐsè
紫色 보라색

jīnsè
金色 금색

tiānlánsè
天蓝色 하늘색

yínsè
银色 은색

2

Wǒ bù xǐhuan
huángsè .

我不喜欢黄色.
나는 노란색을 싫어해.

lǜsè
绿色 초록색

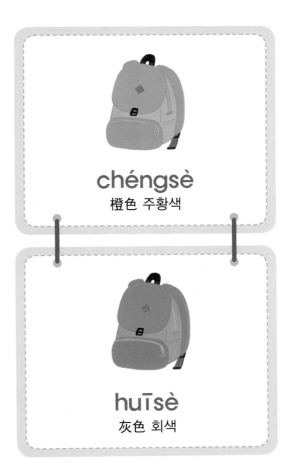

chéngsè
橙色 주황색

hēisè
黑色 검은색

huīsè
灰色 회색

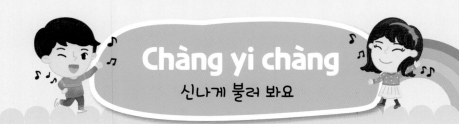

Chàng yi chàng
신나게 불러 봐요

색깔

Xǐhuan 喜欢	Xǐhuan 喜欢	Nǐ xǐhuan shénme yánsè? 你喜欢什么颜色?
Hóngsè 红色	Hóngsè 红色	Wǒ xǐhuan hóngsè. 我喜欢红色。
Huángsè 黄色	Huángsè 黄色	Nǐ xǐhuan huángsè ma? 你喜欢黄色吗?
Bù 不	Bù 不	Wǒ bù xǐhuan huángsè. 我不喜欢黄色。

좋아	좋아	너는 무슨 색을 좋아해?
빨강	빨강	나는 빨간색을 좋아해.
노랑	노랑	너는 노란색을 좋아해?
아니	아니	나는 노란색을 싫어해.

Wán yi wán
중국어로 놀아요

색칠하기

준비물 색연필

1 모둠원 한 사람씩 돌아가며 중국어로 색깔 하나씩을 말하고, 각자 들은 대로 색칠해요.
예 "y shì huángsè."

2 맞는 색깔로 칠해졌는지 모둠원들과 서로 비교해 봐요.

3 완성된 단어를 한 사람씩 정확한 발음으로 읽어요.

1 잘 듣고, 그림이 발음과 일치하면 ○, 일치하지 않으면 ✕ 표를 하세요.

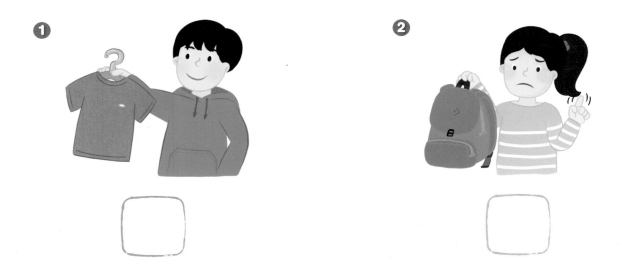

❶

❷

2 그림을 보고 빈칸에 들어갈 병음을 써 보세요.

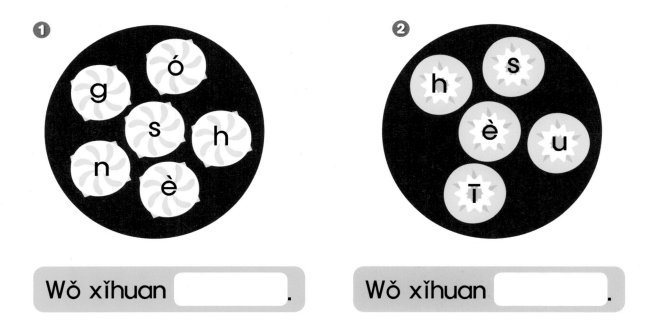

❶

ó
g
s h
n
è

Wǒ xǐhuan [   ].

❷

h s
è u
ī

Wǒ xǐhuan [   ].

3 그림을 보고 알맞은 병음을 보기 에서 찾아 쓴 후, 뜻을 써 보세요.

보기   j   s   n   è   l

① ☐ īn ☐ è

② ☐ ǜsè

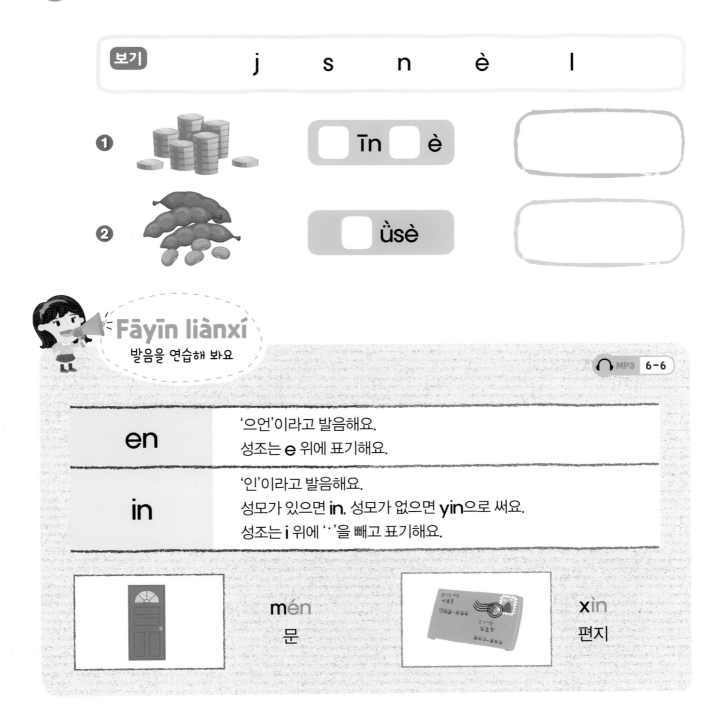

Fāyīn liànxí
발음을 연습해 봐요

🎧 MP3 6-6

en	'으언'이라고 발음해요. 성조는 e 위에 표기해요.
in	'인'이라고 발음해요. 성모가 있으면 in, 성모가 없으면 yin으로 써요. 성조는 i 위에 'ㆍ'을 빼고 표기해요.

mén
문

xìn
편지

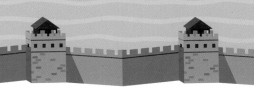

복을 가져오는 붉은 등

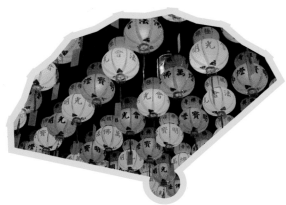

중국에서는 명절이나 경사스러운 일이 있을 때 붉은 등(dēnglong 灯笼)을 문 앞이나 창가에 달아 두곤 해요. 중국 사람들은 붉은색이 복을 가져다 주고 나쁜 기운을 물리친다고 믿고 있어요. 그래서 집안에 복이 오기를 기원하며 붉은 등을 달아 둔답니다.

117쪽 오리기 활용

등 만들기 ·····

① 부록에 있는 도안을 오려요.

② 도안에 있는 선대로 자른 후 예쁘게 꾸며요.

③ 동그랗게 말아 풀로 붙인 후, 위에 손잡이도 붙여요.

→

→

Cāi yi cāi
배울 내용을 생각해 봐요

징징아, 어디 가?

응, 엄마 심부름으로 월병 사러 마트에 가.

같이 가자! 그런데 월병이 뭐야?

중국의 추석인 중추절에 먹는 음식이야. 가족이 모여서 직접 만들어 먹기도 해.

와, 종류가 많네!

속에 고기, 야채, 과일 등을 넣어서 다양하게 만들어.

여기 시식용 먹어 볼래?

얌냠~ 맛있어!!

오늘 배울 내용은 _____ 예요.

단어를 익혀요! 🎧 MP3 7-2

chī 吃 먹다   bǐnggān 饼干 과자   hē 喝 마시다

shuǐ 水 물

1

Wǒ chī

bǐnggān .

我吃饼干。 나는 과자를 먹어.

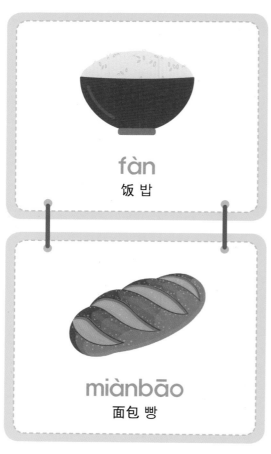

fàn
饭 밥

miànbāo
面包 빵

táng
糖 사탕

shuǐguǒ
水果 과일

2

Wǒ bù hē

shuǐ .

我不喝水。나는 물을 안 마셔.

niúnǎi
牛奶 우유

qìshuǐ
汽水 사이다

kělè
可乐 콜라

rè qiǎokèlì
热巧克力 코코아, 핫 초콜릿

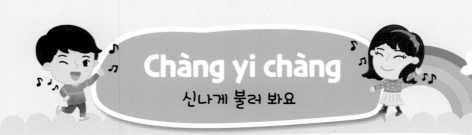

간식

Chī 吃	Chī 吃	Nǐ chī shénme? 你吃什么?
Bǐnggān 饼干	Bǐnggān 饼干	Wǒ chī bǐnggān. 我吃饼干。
Hē 喝	Hē 喝	Nǐ hē shuǐ ma? 你喝水吗?
Bù 不	Bù 不	Wǒ bù hē shuǐ. 我不喝水。

먹어	먹어	너는 뭘 먹어?
과자	과자	나는 과자를 먹어.
마셔	마셔	너는 물을 마셔?
아니	아니	나는 물을 안 마셔.

Wán yi wán
중국어로 놀아요

제자리 앉기

1 모두 자리에서 일어나요.

2 선생님이 'bǐnggān'이라고 말하면 제자리에 앉아요.

3 선생님이 'bǐnggān'이 아닌 다른 음식을 말하면, 그대로 서 있거나 일어서야 해요.

4 동작이 틀린 친구는 탈락하고 마지막까지 남은 친구가 승리해요.

응용1 '제자리 앉기' 동작을 할 단어를 바꾸어 가며 놀이를 진행해요.

응용2 '제자리 앉기' 동작을 할 단어를 정한 후, 학생들이 한 줄로 줄을 서서
순서대로 자유롭게 음식 단어를 중국어로 하나씩 말하며 놀이를 진행해요.

7과 Wǒ chī bǐnggān. 83

Liànxí
연습해 봐요

1 잘 듣고, 그림이 발음과 일치하면 ○, 일치하지 않으면 ✕ 표를 하세요.

❶

❷

2 아래 주어진 뜻에 맞는 문장을 표에서 찾아 ○ 표를 해 보세요.

| 보기 | 나는 사탕을 안 먹어요. |

❶ 나는 빵을 먹어요.　　❷ 나는 콜라를 마셔요.　　❸ 그는 과자를 안 먹어요.

wǒ	bù	chī	táng
nǐ	shì	wǒ	yǒu
tā	bù	chī	bǐnggān
chī	qù	miànbāo	hē
wǒ	hē	kělè	niúnǎi

🎧 MP3 7-5

3 그림을 보고 빈 말풍선에 들어갈 알맞은 문장을 골라 ○ 표를 하세요.

Wǒ bù hē qìshuǐ.

Nǐ hē qìshuǐ ma? ☐

Nǐ chī qìshuǐ ma? ☐

Fāyīn liànxí
발음을 연습해 봐요

🎧 MP3 7-6

üe	'위에'라고 발음해요. 성조는 e 위에 표기해요. 성모가 있으면 üe, 성모가 없으면 yue로 써요.
üan	'위엔'이라고 발음해요. 성조는 a 위에 표기해요. 성모가 있으면 üan, 성모가 없으면 yuan으로 써요.
ün	'윈'이라고 발음해요. 성조는 ü 위에 표기해요. 성모가 있으면 ün, 성모가 없으면 yun으로 써요.

 yuè
월

 yuǎn
멀다

 yùndòng
운동

 보름달을 닮은 **월병**

우리가 추석에 송편을 먹는 것처럼, 중국의 추석인 중추절(Zhōngqiūjié 中秋节)에는 월병(yuèbǐng 月饼)을 먹어요. 월병은 보름달처럼 둥근 모양의 떡으로, 가족들이 둥근 달처럼 원만하고 화목하기를 바라는 마음이 담겨 있어요. 월병 속에는 고기, 야채, 과일 등을 넣어서 맛있고 다양하게 만들어요.

119쪽 오리기 활용

종이 월병 만들기 ·····························

① 부록에 있는 도안①②③을 색칠해서 오려요.

② 도안③을 둥글게 만들고 점선 부분을 안쪽으로 접어요.

③ 도안①②를 도안③에 앞뒤로 붙여 완성해요.

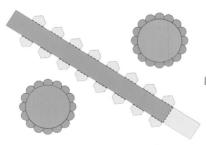

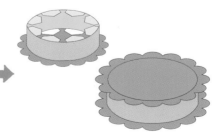

Cāi yi cāi
배울 내용을 생각해 봐요

오늘 배울 내용은 [   ] 예요.

Shuō yi shuō
바꿔서 말해 보요

1

Zhè shì
xióng .

这是熊。 이것은 곰이야.

잠깐! "zhè"는 가까이 있는 사물을 가리킬 때 쓰는 표현이에요.

lǎohǔ
老虎 호랑이

shīzi
狮子 사자

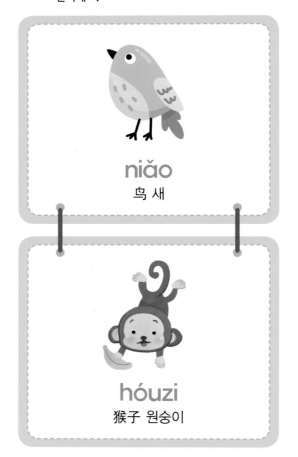

niǎo
鸟 새

hóuzi
猴子 원숭이

MP3 8-3

2

Nà shì

xióngmāo .

那是熊猫。 저것은 판다야.

잠깐!
"nà"는 멀리 있는 사물을 가리킬 때 쓰는 표현이에요.

yú
鱼 물고기

húdié
蝴蝶 나비

xiǎo gǒu
小狗 강아지

xiǎo māo
小猫 고양이

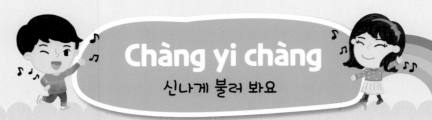

동물

Zhè 这	Zhè 这	Zhè shì shénme? 这是什么?
Xióng 熊	Xióng 熊	Zhè shì xióng. 这是熊。
Nà 那	Nà 那	Nà shì shénme? 那是什么?
Xióngmāo 熊猫	Xióngmāo 熊猫	Nà shì xióngmāo. 那是熊猫。
이	이	이것은 뭐야?
곰	곰	이것은 곰이야.
저	저	저것은 뭐야?
판다	판다	저것은 판다야.

Wán yi wán
중국어로 놀아요

몸으로 말하기

121쪽 오리기 활용

준비물 병음 카드

1 모둠원끼리 순서를 정하고, 활동 제한 시간을 정해요.

2 첫 번째 학생이 나와 선생님이 보여 주는 병음 카드를 보고 동작만으로 표현해요.

3 나머지 모둠원들이 어떤 동물인지 중국어로 대답해요.

4 답을 맞히면 다음 순서 학생이 나와서 다음 문제를 동작으로 표현해요.
(이때, 문제가 너무 어려우면 '통과'를 외치고 다음 모둠원이 나와 다음 문제를 진행해요.)

5 제한 시간 안에 더 많은 답을 맞힌 모둠이 이겨요.

1 잘 듣고, 그림이 발음과 일치하면 ○, 일치하지 않으면 ✕ 표를 하세요.

❶

❷

2 그림을 보고 알맞은 병음과 연결해 보세요.

❶

❷

❸

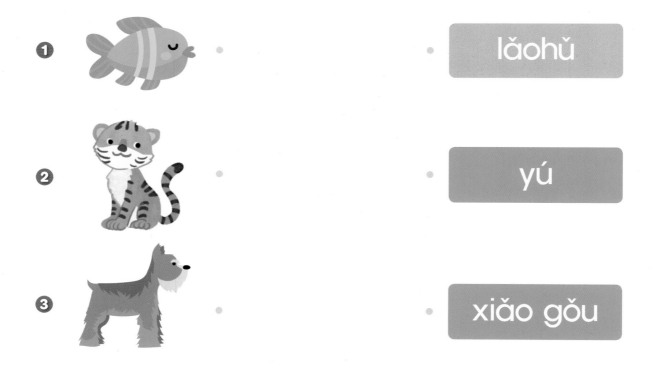

lǎohǔ

yú

xiǎo gǒu

🎧 MP3 8-5

3 그림을 보고 빈 말풍선에 들어갈 말을 보기 에서 골라 문장을 완성하고,
그 뜻을 써 보세요.

보기

shì

shīzi

Zhè

Zhè shì shénme?

뜻

Fāyīn liànxí
발음을 연습해 봐요

🎧 MP3 8-6

ua	'우아'라고 발음해요. 성조는 a 위에 표기해요. 성모가 있으면 ua, 성모가 없으면 wa로 써요.
uo	'우어'라고 발음해요. 성조는 o 위에 표기해요. 성모가 있으면 uo, 성모가 없으면 wo로 써요.
uan	'우안'이라고 발음해요. 성조는 a 위에 표기해요. 성모가 있으면 uan, 성모가 없으면 wan으로 써요.

wáwa
인형

wòshì
침실

wǎn
그릇

머리가 좋아지는 칠교놀이

칠교놀이는 정사각형을 일곱 조각으로 나눈 칠교판(qīqiǎobǎn 七巧板)을 가지고, 사람, 동물, 사물 등 다양한 모양을 만들며 노는 놀이예요. 칠교판은 '지혜판' 또는 '탱그램'이라고도 불려요. 중국에서 처음 시작된 칠교놀이는 두뇌 발달에 좋은 놀이로 널리 알려져 있답니다.

123쪽 오리기 활용

칠교놀이 하기

① 부록에 있는 도안을 오려요.　② 칠교 모양을 보며 따라 만들어 봐요.

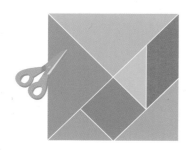 →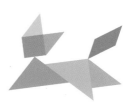

해마　　　　다람쥐　　　　의자　　　　여우

부록

본문 해석

1과 18~19쪽

아리 안녕!
베이베이 안녕!
아리 잘 가!
베이베이 내일 보자!

2과 28~29쪽

베이베이 잘 지내?
아리 나는 잘 지내.
징징 고마워!
유준 천만에!

3과 38~39쪽

베이베이 너는 이름이 뭐야?
아리 내 이름은 아리야.
징징 너는 성이 뭐야?
유준 나는 박씨야.

4과 48~49쪽

징징 너는 몇 살이야?
유준 나는 아홉 살이야.
베이베이 그는 몇 살이야?
아리 그는 열세 살이야.

5과 58~59쪽

아리 그녀는 누구야?
베이베이 그녀는 내 여동생이야.
유준 그는 너희 오빠니?
징징 아니, 그는 내 남동생이야.

6과 68~69쪽

징징 너는 무슨 색을 좋아해?
유준 나는 빨간색을 좋아해.
베이베이 너는 노란색을 좋아해?
아리 나는 노란색을 싫어해.

7과 78~79쪽

징징이 엄마 너는 뭘 먹을래?
베이베이 전 과자 먹을래요.
징징 너 물 마실래?
유준 난 물 안 마셔.

8과 88~89쪽

아리 이것은 뭐야?
베이베이 이것은 곰이야.
유준 저것도 곰이야?
징징 아니, 저것은 판다야.

녹음 대본

1
❶ nǐ
❷ zǎoshang

1
❶ lǎoshī
❷ lěng

1
❶ Běibei
❷ Wáng

1
❶ qī suì
❷ shísān suì

1
❶ Tā shì wǒ dìdi.
❷ Tā shì wǒ yéye.

1
❶ Wǒ xǐhuan huángsè.
❷ Wǒ bù xǐhuan lǜsè.

1
❶ hē niúnǎi
❷ chī táng

1
❶ húdié
❷ xiǎo māo

1과 24~25쪽

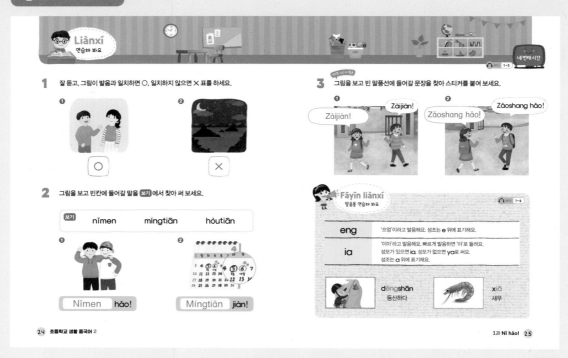

2과 34~35쪽

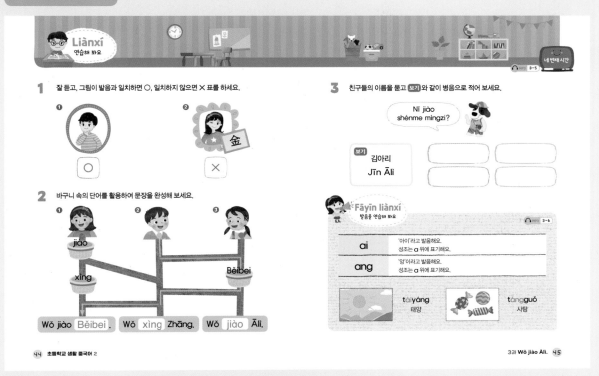

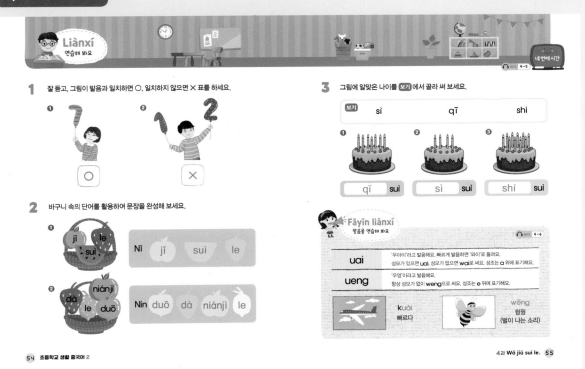

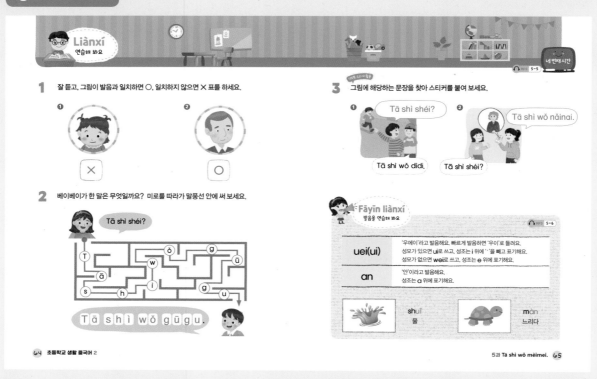

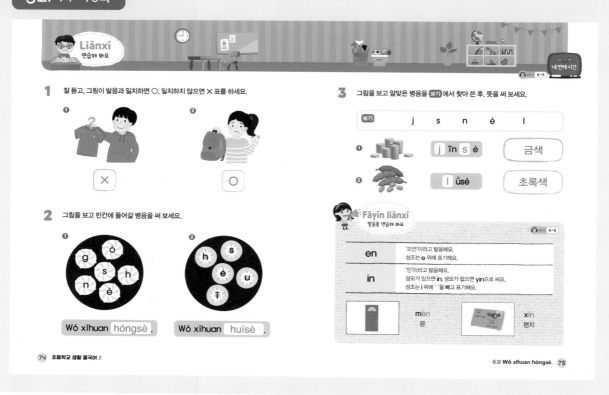

Liànxí
연습해 봐요

MP3 7-5 네 번째 시간

1 잘 듣고, 그림이 발음과 일치하면 ○, 일치하지 않으면 ✕ 표를 하세요.

❶ ○

❷ ✕

2 아래 주어진 뜻에 맞는 문장을 표에서 찾아 ○ 표를 해 보세요.

> 보기   나는 사탕을 안 먹어요.

❶ 나는 빵을 먹어요.   ❷ 나는 콜라를 마셔요.   ❸ 그는 과자를 안 먹어요.

wǒ	bù	chī	táng
nǐ	shì	wǒ	yǒu
tā	bù	chī	bǐnggān
chī	qù	miànbāo	hē
wǒ	hē	kělè	niúnǎi

3 그림을 보고 빈 말풍선에 들어갈 알맞은 문장을 골라 ○ 표를 하세요.

Wǒ bù hē qìshuǐ.

Nǐ hē qìshuǐ ma?   ○

Nǐ chī qìshuǐ ma?

Fāyīn liànxí
발음을 연습해 봐요

MP3 7-6

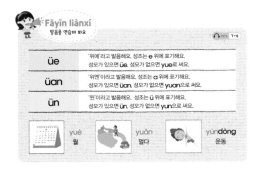

üe	'위에'라고 발음해요. 성조는 e 위에 표기해요. 성모가 있으면 üe, 성모가 없으면 yue로 써요.
üan	'위엔'이라고 발음해요. 성조는 a 위에 표기해요. 성모가 있으면 üan, 성모가 없으면 yuan으로 써요.
ün	'윈'이라고 발음해요. 성조는 ü 위에 표기해요. 성모가 있으면 ün, 성모가 없으면 yun으로 써요.

yuè 월   yuǎn 멀다   yùndòng 운동

Liànxí
연습해 봐요

MP3 8-5 네 번째 시간

1 잘 듣고, 그림이 발음과 일치하면 ○, 일치하지 않으면 ✕ 표를 하세요.

❶ ✕

❷ ○

2 그림을 보고 알맞은 병음과 연결해 보세요.

❶   lǎohǔ

❷   yú

❸   xiǎo gǒu

3 그림을 보고 빈 말풍선에 들어갈 말을 보기에서 골라 문장을 완성하고, 그 뜻을 써 보세요.

Zhè shì shénme?   Zhè shì shīzi.

보기
shì
shīzi
Zhè

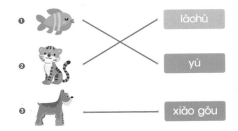

뜻 이것은 사자야.

Fāyīn liànxí
발음을 연습해 봐요

MP3 8-6

ua	'우아'라고 발음해요. 성조는 a 위에 표기해요. 성모가 있으면 ua, 성모가 없으면 wa로 써요.
uo	'우어'라고 발음해요. 성조는 o 위에 표기해요. 성모가 있으면 uo, 성모가 없으면 wo로 써요.
uan	'우안'이라고 발음해요. 성조는 a 위에 표기해요. 성모가 있으면 uan, 성모가 없으면 wan으로 써요.

wáwa 인형   wòshì 침실   wǎn 그릇

인사하는 종이 인형

①

②

단어 카드

xièxie 谢谢	**bú kèqi** 不客气
lèi 累	**máng** 忙
rè 热	**lěng** 冷
lǎoshī 老师	**nín** 您
bàba 爸爸	**āyí** 阿姨

풀   칠

만두 만들기

풀   칠

풀   칠

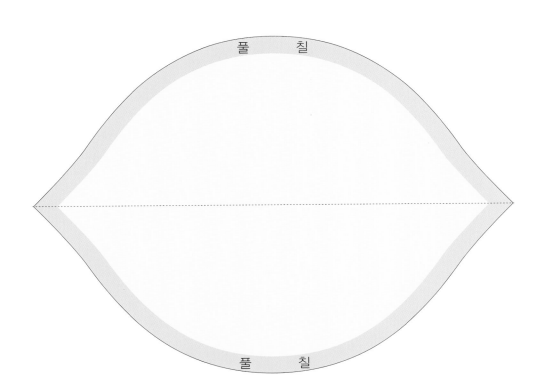

풀   칠

풀   칠

가족 카드

yéye	nǎinai
bàba	māma
gēge	jiějie
dìdi	mèimei
shūshu	gūgu

등 만들기

종이 월병

❶

❷

❸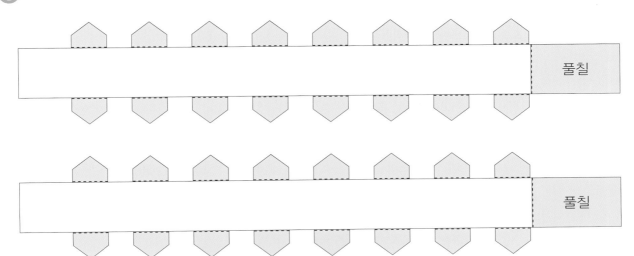

풀칠

풀칠

병음 카드

yú	xiǎo gǒu
húdié	xiǎo māo
shīzi	hóuzi
niǎo	lǎohǔ
xióng	xióngmāo

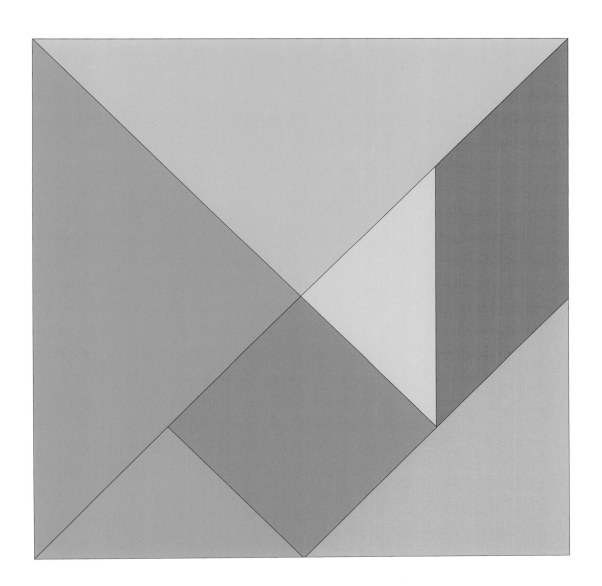